Ben Yeshoua

Prières d'une reine pour ses territoires Volume 1

Ben Yeshoua

Prières d'une reine pour ses territoires Volume 1

Souviens-toi de mon peuple

Éditions Croix du Salut

Impressum / Mentions légales
Bibliografische Information der Deutschen Nationalbibliothek: Die Deutsche Nationalbibliothek verzeichnet diese Publikation in der Deutschen Nationalbibliografie; detaillierte bibliografische Daten sind im Internet über http://dnb.d-nb.de abrufbar.
Alle in diesem Buch genannten Marken und Produktnamen unterliegen warenzeichen-, marken- oder patentrechtlichem Schutz bzw. sind Warenzeichen oder eingetragene Warenzeichen der jeweiligen Inhaber. Die Wiedergabe von Marken, Produktnamen, Gebrauchsnamen, Handelsnamen, Warenbezeichnungen u.s.w. in diesem Werk berechtigt auch ohne besondere Kennzeichnung nicht zu der Annahme, dass solche Namen im Sinne der Warenzeichen- und Markenschutzgesetzgebung als frei zu betrachten wären und daher von jedermann benutzt werden dürften.

Information bibliographique publiée par la Deutsche Nationalbibliothek: La Deutsche Nationalbibliothek inscrit cette publication à la Deutsche Nationalbibliografie; des données bibliographiques détaillées sont disponibles sur internet à l'adresse http://dnb.d-nb.de.
Toutes marques et noms de produits mentionnés dans ce livre demeurent sous la protection des marques, des marques déposées et des brevets, et sont des marques ou des marques déposées de leurs détenteurs respectifs. L'utilisation des marques, noms de produits, noms communs, noms commerciaux, descriptions de produits, etc, même sans qu'ils soient mentionnés de façon particulière dans ce livre ne signifie en aucune façon que ces noms peuvent être utilisés sans restriction à l'égard de la législation pour la protection des marques et des marques déposées et pourraient donc être utilisés par quiconque.

Coverbild / Photo de couverture: www.ingimage.com

Verlag / Editeur:
Éditions Croix du Salut
ist ein Imprint der / est une marque déposée de
OmniScriptum GmbH & Co. KG
Heinrich-Böcking-Str. 6-8, 66121 Saarbrücken, Deutschland / Allemagne
Email: info@editions-croix.com

Herstellung: siehe letzte Seite /
Impression: voir la dernière page
ISBN: 978-3-8416-9969-5

Copyright / Droit d'auteur © 2015 OmniScriptum GmbH & Co. KG
Alle Rechte vorbehalten. / Tous droits réservés. Saarbrücken 2015

Ben Yeshoua.

Prières d'une reine

pour ses territoires

Souviens-toi de mon peuple

Prières d'une reine pour ses territoires - Vol1

PRIERES D'UNE REINE
POUR SES TERRITOIRES

Prières d'une reine pour ses territoires - Vol1

Introduction

Au cours de l'histoire, de nombreuses femmes ont manifesté une grande foi en intercédant auprès du Seigneur afin que des âmes puissent vivre ou parvenir à l'accomplissement des promesses de Dieu pour leur vie.

C'étaient des princesses, des mères, des patriotes, des prophétesses, des reines...

Leur foi et leur voix ont influencé de manière significative et positivement le cours des choses.

De par leurs supplications, des vies ont été sauvées, des destinés ont été changées, des décisions et divers décrets qui visaient à détruire des peuples ont été abrogés, des successions à la royauté se sont opérées, des héritages ont été légués et des missions ont pu être accomplies.

Prière d'une reine pour ses territoires est un ouvrage de prière qui nous dispose à marcher dans l'esprit qu'ont manifesté ces femmes qui ont influé sur des destinés de par leur foi en Dieu.

Prières d'une reine pour ses territoires - Vol1

Car je leur ai donné les paroles que tu m'as données ; ils les ont reçues ; ils ont vraiment reconnu que je suis sorti d'auprès de toi et ils ont cru que tu m'as envoyé.

C'est pour eux que je prie, je ne prie pas pour tout le monde, mais pour ceux que tu m'as donné, parce qu'ils sont à toi.

Prières d'une reine pour ses territoires - Vol1

TABLE

I	Fais survivre mon peuple et donnes-lui ce qu'il y a de meilleur	8
II	Sauves mon peuple de la servitude et accrois sa force	10
III	Garde mon peuple dans ta présence	25
IV	Écartes l'interdit du milieu de mon peuple	30
V	Que mon peuple marche dans la justice	40
VI	Fais entrer mon peuple dans la terre promise	53
VI	Délivres mon peuple et ne le livres pas	56
VII	Établis mon peuple et qu'il soit par toi	59

Prières d'une reine pour ses territoires - Vol1

Souviens-toi.
Souviens-toi, ô mon Dieu ! Souviens-toi d'Antigua-et-Barbuda
Souviens-toi.
Souviens-toi, ô mon Dieu ! Souviens-toi des Bahamas
Souviens-toi.
Souviens-toi, ô mon Dieu ! Souviens-toi de la Barbade
Souviens-toi.
Souviens-toi, ô mon Dieu ! Souviens-toi du Belize
Souviens-toi.
Souviens-toi, ô mon Dieu ! Souviens-toi du Canada
Souviens-toi.
Souviens-toi, ô mon Dieu ! Souviens-toi de la Grenade
Souviens-toi.
Souviens-toi, ô mon Dieu ! Souviens-toi de la Jamaïque
Souviens-toi.
Souviens-toi, ô mon Dieu ! Souviens-toi de Saint-Christophe-et-Niévès
Souviens-toi.
Souviens-toi, ô mon Dieu ! Souviens-toi de Sainte-Lucie
Souviens-toi.
Souviens-toi, ô mon Dieu ! Souviens-toi du Royaume-Uni
Souviens-toi.
Souviens-toi, ô mon Dieu ! Souviens-toi de l'Australie
Souviens-toi.
Souviens-toi, ô mon Dieu ! Souviens-toi de la Nouvelle-Zélande
Souviens-toi.

Prières d'une reine pour ses territoires - Vol1

Souviens-toi, ô mon Dieu ! Souviens-toi de la Papouasie-Nouvelle-Guinée
Souviens-toi.
Souviens-toi, ô mon Dieu ! Souviens-toi des îles Salomon
Souviens-toi.
Souviens-toi, ô mon Dieu ! Souviens-toi des Tuvalu
Souviens-toi.
Souviens-toi, ô mon Dieu ! Souviens-toi de Sainte-Vincent-et-les Grenadines
Souviens-toi.

Prières d'une reine pour ses territoires - Vol 1

Fais survivre mon peuple
et donnes-lui ce qu'il y a de meilleur

Ô Dieu en présence de qui ont marché mes pères, toi qui pourvois et qui préserves l'âme de ceux qui sont mortels ; que le mensonge ne soit plus le nom de mon peuple et de mes territoires mais qu'ils portent le nom de pays qui a lutté avec Dieu et avec des hommes, et qui a été vainqueur.

Ô mon Dieu, l'autel de mon cœur et celui de mon peuple est à toi.

Que le fils de la ville en face de laquelle campe mon peuple ne commette pas d'infamie en allant vers la vierge de mon peuple !

Ô Dieu en présence de qui ont marché mes pères, rends fécond mon peuple et mes territoires et qu'ils se multiplient ;

Qu'une nation et qu'une foule de nations naisse de mon peuple et de mes territoires, et que des rois sortent de leurs reins !

Que les tentes de mon peuple soient plantées, qu'elles demeurent et qu'aucun fils de mon peuple n'aille vers les concubines de son père !

Qu'un roi règne sur mon peuple et que ce roi soit le Dieu Tout-puissant, toi mon Dieu !

Fasses que les fils de mon peuple et de mes territoires n'agissent pas mal à l'égard de leur père !

Donnes à mon peuple de survivre ! Donnes à mon peuple de ne pas mourir, leur pères, leurs enfants et eux-mêmes .

Donnes des chariots et des provisions à mon peuple !

Prières d'une reine pour ses territoires - Vol1

Donnes à mon peuple des vêtements de rechange et des pièces d'argent !

Donnes aux chefs de mon peuple ce qu'il y a de meilleur : du froment, du pain et des ravitaillement !

Donnes aux chefs de mon peuple de t'offrir des sacrifices, ô Dieu puissant !

Ô Dieu en présence de qui ont marché mes pères, donnes aux chefs de mon peuple de ne pas craindre de descendre par le chemin où tu l'envoies ! Car c'est là que tu les feras devenir une grande nation.

Que mon peuple, le peuple qui a lutté avec Dieu et des hommes, et qui a été vainqueur habite dans le pays, qu'il en prenne possession, qu'il soit fécond et se multiplie beaucoup !

Que mon peuple voit le visage de ses fils et le visage des fils de ses fils !

Que ton Esprit saint qui m'a racheté de tout mal bénisse mon peuple et mes territoires !

Qu'ils soient appelés de ton nom et du nom de celui qui est sans âge et qui n'a pas de fin !

Fasses qu'ils prolifèrent beaucoup au milieu du pays et que leur descendance remplisse toutes les nations !

Qu'ils se rassemblent et qu'ils écoutent ! Mon peuple ; mes territoires, Écoutez !

Qu'ils ne soient pas séparés ni disséminés ! Que leurs mains soient fortifiées par toi, Tout-puissant !

Qu'ils deviennent le berger, le rocher de toutes les nations !

Qu'ils reçoivent chacun une bénédiction particulière !

Ô Dieu en présence de qui ont marché mes pères, interviens pour eux, interviens pour eux.

Prières d'une reine pour ses territoires - Vol1

Sauves mon peuple de la servitude
et accrois sa force

Ô Dieu en présence de qui ont marché mes pères, que mon peuple soit fécond, qu'il prolifère, se multiplie et devienne de plus en en plus puissant !

Qu'Antigua-et-Barbuda soit fécond, prolifère, se multiplie et devienne de plus en en plus puissant !

Que les Bahamas soient féconds, prolifèrent, se multiplient et deviennent de plus en en plus puissants !

Que la Barbade soit féconde, prolifère, se multiplie et devienne de plus en en plus puissante !

Que le Belize soit fécond, prolifère, se multiplie et devienne de plus en en plus puissant !

Que le Canada soit fécond, prolifère, se multiplie et devienne de plus en en plus puissant !

Que la Grenade soit féconde, prolifère, se multiplie et devienne de plus en en plus puissante !

Que la Jamaïque soit féconde, prolifère, se multiplie et devienne de plus en en plus puissante !

Que Saint-Christophe-et-Niévès soit fécond, prolifère, se multiplie et devienne de plus en en plus puissant !

Que Sainte-Lucie soit féconde, prolifère, se multiplie et devienne de plus en en plus puissante !

Prières d'une reine pour ses territoires - Vol1

Que le Royaume-Uni soit fécond, prolifère, se multiplie et devienne de plus en en plus puissant !

Que l'Australie soit fécond, prolifère, se multiplie et devienne de plus en en plus puissant !

Que la Nouvelle-Zélande soit féconde, prolifère, se multiplie et devienne de plus en en plus puissante !

Que la Papouasie-Nouvelle-Guinée soit féconde, prolifère, se multiplie et devienne de plus en en plus puissante !

Que les îles Salomon soient fécondes, prolifèrent, se multiplient et deviennent de plus en en plus puissantes !

Que les Tuvalu soient féconds, prolifèrent, se multiplient et deviennent de plus en en plus puissants !

Que Sainte-Vincent-et-les Grenadines soit féconde, prolifère, se multiplie et devienne de plus en en plus puissante !

Que tout le pays en soit rempli !

Que mon peuple soit plus puissant et plus nombreux que tous les peuples !

Quand on l'accablera, quand on l'assujettira, que mon peuple devienne de plus en plus puissant !

Quand on l'accablera, quand on lui rendra la vie amère par un rude travail, que mon peuple se multiplie et s'accroît davantage !

Que mon peuple ne soit pas emmené à gémir sous la servitude et pousser des cris douleur !

Ô Seigneur, mon Dieu, regarde et aies compassion de mon peuple !

Vois toute l'oppression que mon peuple subit et que leurs cris arrivent jusqu'à toi !

Prières d'une reine pour ses territoires - Vol1

Envoie à mon peuple le sauveur, afin qu'il sauve mon peuple et mon héritage de toute servitude !

Ô Seigneur, mon Dieu, fais sortir mon peuple de toute servitude !

Ô Dieu en présence de qui ont marché mes pères, envoies ton esprit vers mon peuple !

Que les anciens de mon peuple se rassemblent, tu l'as visité et tu as vu ce qu'on a fait à mon peuple !

Envoie à mon peuple le sauveur, afin qu'il fasse sortir mon peuple de la servitude et le conduise dans ta présence !

Ô Seigneur, mon Dieu, fais de mon peuple le premier-né !

Donnes à mon peuple d'avoir foi au sauveur que tu envoies vers lui, celui qui n'a pas de commencement de jours ni de fin !

Que mon peuple soit libéré de toute servitude pour qu'il célèbre une fête en ton honneur !

Que les commissaires de mon peuple ne soient point frappés !

Que les commissaires de mon peuple ne soient pas malheureux !

Entends le soupir de mon peuple et mon héritage, dans toute leur servitude, et souviens-toi de ton alliance !

Affranchis mon peuple des travaux pénibles dont on le charge et délivres-le de la servitude à laquelle il est soumis !

Rachètes-le par la force de ton bras et par de grands jugements !

Fasses que mon peuple ait une oreille attentive !

Mets ta main sur le pays de la servitude et fais sortir mon peuple et mon héritage !

Ô Dieu en présence de qui ont marché mes pères, mets la distinction entre le

Prières d'une reine pour ses territoires - Vol1

cheptel de mon peuple et celui du peuple de la maison de la servitude et qu'il ne périsse rien de tout ce qui appartient à mon peuple !

Quand la grêle frappera la maison de la servitude, tout ce qui est dans la campagne, depuis les hommes jusqu'aux bêtes ;

Quand la grêle frappera la maison de la servitude, tout herbe des champs, et brisera tous les arbres des champs ; Que mon peuple soit épargné !

Quand la maison de la servitude sera frappée de toutes sortes de plaies, que mon peuple soit épargné !

Tout premier-né te sera consacré, tant les hommes que les bêtes, tout aîné parmi mon peuple t'appartiendra !

Ô Dieu en présence de qui ont marché mes pères, que ton ange campe au devant de mon peuple !

Ô mon Dieu, délivre mon peuple de toute servitude !

Ô Dieu en présence de qui ont marché mes pères, que mon peuple voit ta main puissante !

Nous chanterons alors un cantique à ton honneur :

Nous chanterons, car il a montré sa souveraineté ;
il a jeté dans la mer le cheval et son cavalier.
L'Éternel est notre force et l'objet de nos cantiques,
il est devenu notre salut.
Il est notre Dieu : nous voulons lui rendre hommage.
Il est le Dieu de nos pères : nous voulons l'exalter.
L'Éternel est un guerrier.
L'Éternel est son nom.

Prières d'une reine pour ses territoires - Vol1

Il a précipité dans la mer les chars du roi de la maison de la servitude et son armée ;
ses équipages d'élite ont été submergés par la mer.
Les flots les ont couverts : ils sont descendus dans les profondeurs, comme une pierre.
Ta droite ô Éternel ! est magnifiée par sa vigueur ;
Ta droite ô Éternel ! a écrasé l'ennemi.
Par la grandeur de ta majesté tu renverses ceux qui se dressent contre toi ;
tu déchaînes l'ardeur de ta colère : elle dévore comme le chaume.
Au souffle de tes narines, les eaux se sont amoncelées, les courants se sont dressés comme une masse, les flots se sont durcis au cœur de la mer.
L'ennemi disait : je poursuivrai, j'atteindrai, je partagerai le butin ;
je m'en repaîtrai, je tirerai l'épée, ma main s'emparera.
Tu as soufflé de ton haleine : la mer les a couverts ;
ils se sont enfoncés comme du plomb, dans les eaux puissantes.
Qui est comme toi parmi les dieux, ô Éternel ?
Qui est comme toi magnifique en sainteté, redoutable et digne de louange, opérant des miracles ?
Tu as étendu ta droite : la terre les a engloutis.
Par ta bienveillance tu as conduit ce peuple que tu as racheté ;
par ta puissance tu le diriges vers ta demeure sainte.
Les peuples l'ont appris et ils tremblent : les douleurs saisissent les habitants des nations ;
les commandants des nations s'épouvantent ;
un frémissement saisit les guerriers des nations ;

Prières d'une reine pour ses territoires - Vol1

Tous les habitants des nations défaillent.

La terreur et la peur tomberont sur eux ; par la grandeur de ton bras ils deviendront muets comme une pierre, jusqu'à ce que ton peuple ô Éternel ! ait passé, jusqu'à ce qu'il ait passé, le peuple que tu as acquis.

Tu les emmèneras et tu les implanteras sur la montagne de ton héritage, au lieu que tu as préparé pour ta résidence , ô Éternel !

Au sanctuaire, Seigneur ! Que tes mains ont établi.

L'Éternel régnera éternellement et à toujours.

Car les chevaux du roi du pays de l'esclavage, avec ses chevaux et ses cavaliers sont entrés dans la mer ; mais mon peuple a marché à pied sec au milieu de la mer.

Chantez à l'Éternel, car il a montré sa souveraineté ; il a jeté dans la mer le cheval et son cavalier.

Prières d'une reine pour ses territoires - Vol1

Ô mon Dieu, emmènes mon peuple dans ta présence ; toute la communauté de mon peuple après qu'il ait été libéré de la maison de la servitude !

Que mon peuple ne murmure pas et ne dise pas : Pourquoi ne sommes nous pas morts dans la maison de la servitude, quand nous étions près des marmites de viandes, quand nous mangions du pain à satiété ! Car le Seigneur nous a emmené dans sa présence pour nous faire mourir de faim.

Ô Dieu en présence de qui ont marché mes pères, que mon peuple reconnaisse que c'est toi, Éternel, qui les as fait sortir de la maison de la servitude pour les conduire dans ta présence !

Ô mon Dieu, ne prêtes pas attention aux murmures de mon peuple !

Ô Dieu en présence de qui ont marché mes pères, donnes à mon peuple de manger de la viande entre deux soirs et au matin qu'il soit rassasié de pain !

Donnes comme nourriture à mon peuple ton pain !

Donnes comme eau à mon peuple ton eau !

Ô mon Dieu, ne prêtes pas attention aux murmures de mon peuple, car il est ton peuple et ton héritage !

Quand un adversaire de mon peuple viendra le combatte, tiens toi au coté de mon peuple et que mon peuple soit plus fort et soumette ce adversaire !

Que les nations apprennent ce que tu as fait pour mon peuple, ô mon Dieu !

Que tes merveilles soient annoncées aux nations et tous tes hauts faits aux peuples de la terre !

Que les nations se réjouissent pour tous tes hauts faits et tes merveilles sans limites !

Que les nations sacrifient en ton honneur Éternel, mon Dieu !

Prières d'une reine pour ses territoires - Vol1

Ô mon Dieu, fais arriver mon peuple et ton héritage dans ta présence, et qu'il demeure là sans en sortir !

Ô Dieu en présence de qui ont marché mes pères, appelles mon peuple et ton héritage du haut de ta montagne : dis lui et annonces lui qu'il sera pour toi un royaume de sacrificateurs et une nation sainte !

Ô mon Dieu, toi sous les pieds de qui est comme un ouvrage de saphir étincelant ; toi sous les pieds de qui est un ouvrage de saphir étincelant comme le ciel lui même dans sa pureté ;

Que tout mon peuple ait des visions !

Ô mon Dieu, toi sous les pieds de qui est comme un ouvrage de saphir étincelant ; toi sous les pieds de qui est un ouvrage de saphir étincelant comme le ciel lui même dans sa pureté ;

Que ta gloire demeure sur les montagnes de mon peuple, montagnes et que ta nué les couvrent !

Ô mon Dieu, toi sous les pieds de qui est comme un ouvrage de saphir étincelant ; toi sous les pieds de qui est un ouvrage de saphir étincelant comme le ciel lui même dans sa pureté ;

Qu'un feu dévorant soit sur les sommets des montagnes de mon peuple !

Ô Dieu en présence de qui ont marché mes pères ;

Que le cœur de mon peuple soit conservé comme offrande !

Donnes tes ordres à mon peuple !

Qu'il entretienne les lampes en permanence !

Que les lampes brûlent du soir au matin en ta présence !

Que ce soit un prescription perpétuelle pour toutes les générations de mon peuple !

Prières d'une reine pour ses territoires - Vol1

Graves les noms des fils de mon peuple dans ton livre ; plusieurs sur une page, plusieurs sur une autre !

Ô mon Dieu, toi sous les pieds de qui est comme un ouvrage de saphir étincelant ; toi sous les pieds de qui est un ouvrage de saphir étincelant comme le ciel lui même dans sa pureté ;

Sanctifies mon peuple le matin et entre les deux soirs sanctifies-le !

Sanctifies Antigua-et-Barbuda le matin et entre les deux soirs sanctifies Antigua-et-Barbuda !

Sanctifies les Bahamas le matin et entre les deux soirs sanctifies les Bahamas !

Sanctifies la Barbade le matin et entre les deux soirs sanctifies la Barbade !

Sanctifies le Belize le matin et entre les deux soirs sanctifies le Belize !

Sanctifies le Canada le matin et entre les deux soirs sanctifies le Canada !

Sanctifies la Grenade le matin et entre les deux soirs sanctifies la Grenade !

Sanctifies la Jamaïque le matin et entre les deux soirs sanctifies la Jamaïque !

Sanctifies Saint-Christophe-et-Niévès le matin et entre les deux soirs sanctifies Saint-Christophe-et-Niévès !

Sanctifies Sainte-Lucie le matin et entre les deux soirs sanctifies Sainte-Lucie !

Sanctifies le Royaume-Uni le matin et entre les deux soirs sanctifies le Royaume-Uni !

Sanctifies l'Australie le matin et entre les deux soirs sanctifies l'Australie !

Sanctifies la Nouvelle-Zélande le matin et entre les deux soirs sanctifies la Nouvelle-Zélande !

Sanctifies la Papouasie-Nouvelle-Guinée le matin et entre les deux soirs sanctifies la Papouasie-Nouvelle-Guinée !

Sanctifies les îles Salomon le matin et entre les deux soirs sanctifies les îles

Prières d'une reine pour ses territoires - Vol1

Salomon !

Sanctifies les Tuvalu le matin et entre les deux soirs sanctifies les Tuvalu !

Sanctifies Sainte-Vincent-et-les Grenadines le matin et entre les deux soirs sanctifies Sainte-Vincent-et-les-Grenadines !

Que mon peuple soit sanctifié par ta présence !

Sanctifies-le et que son cœur soit sanctifié.

Sanctifies-le afin qu'il exerce le sacerdoce pour toi !

Demeures au milieu de mon peuple et sois son Dieu !

Mon peuple reconnaîtra que tu l'as fait sortir de la maison de la servitude pour demeurer au milieu de lui ! Tu es l'Éternel, leur Dieu.

Donnes à mon peuple un cœur qui observe le jour de repos, car c'est un signe entre lui et toi, dans toutes leurs générations, grâce auquel on reconnaîtra que tu es l'Éternel qui le sanctifie !

Qu'il observe le jour de repos ; qu'il le célèbre dans toutes leurs générations comme une alliance perpétuelle ; alliance qui est entre toi et mon peuple un signe qui dure à perpétuité ; car en six jours tu as fait les cieux et la terre, et le septième jour tu as cessé ton œuvre et tu t'es reposé !

Épargne à mon peuple le désir de se façonner un veau en métal fondu puis dire : voici les dieux qui nous ont fait monter de la maison de la servitude !

Donnes à mon peuple de ne pas s'écarter promptement de la voie que tu lui prescris !

Qu'il ne se fasse pas un veau en métal fondu

Qu'il ne se prosterne pas devant lui !

Qu'il ne lui offre pas de sacrifices !

Prières d'une reine pour ses territoires - Vol1

Qu'il ne dise pas : voici les dieux qui nous ont fait monter de la maison de la servitude !

Souviens-toi de tes promesses envers mes pères, auxquels tu as dit, en faisant un serment par toi-même : je multiplierai votre descendance comme les étoiles du ciel, je donnerai à votre descendance tout ce pays dont j'ai parlé, et ils en hériteront pour toujours !

Donnes à mon peuple de se présenter devant toi trois fois par an !

Conclu une alliance avec mon peuple comme tu as conclu une alliance avec moi !

Transmets à mon peuple tous tes commandements !

Que pendant six jours mon peuple fasse son ouvrage ; mais que le jour du repos soit un jour consacré à toi, Éternel !

Remplis tout mon peuple de ton esprit de sagesse ;

Remplis mon peuple d'intelligence et de connaissance pour toutes sortes d'ouvrages ;

pour concevoir des plans, pour travailler l'or, l'argent et le bronze, pour graver les pierres à enchâsser, pour tailler le bois et pour exécuter toutes sortes d'ouvrages d'art ! Accordes lui aussi le don d'enseigner !

Remplis Antigua-et-Barbuda de ton esprit de sagesse, d'intelligence et de connaissance pour toutes sortes d'ouvrages,

pour concevoir des plans, pour travailler l'or, l'argent et le bronze, pour graver les pierres à enchâsser, pour tailler le bois et pour exécuter toutes sortes d'ouvrages d'art ! Accordes aussi à Antigua-et-Barbuda le don d'enseigner !

Remplis les Bahamas de ton esprit de sagesse, d'intelligence et de connaissance pour toutes sortes d'ouvrages,

Prières d'une reine pour ses territoires - Vol1

pour concevoir des plans, pour travailler l'or, l'argent et le bronze, pour graver les pierres à enchâsser, pour tailler le bois et pour exécuter toutes sortes d'ouvrages d'art ! Accordes aussi aux Bahamas le don d'enseigner !

Remplis la Barbade de ton esprit de sagesse, d'intelligence et de connaissance pour toutes sortes d'ouvrages,

pour concevoir des plans, pour travailler l'or, l'argent et le bronze, pour graver les pierres à enchâsser, pour tailler le bois et pour exécuter toutes sortes d'ouvrages d'art ! Accordes aussi à la Barbade le don d'enseigner !

Remplis le Belize de ton esprit de sagesse, d'intelligence et de connaissance pour toutes sortes d'ouvrages,

pour concevoir des plans, pour travailler l'or, l'argent et le bronze, pour graver les pierres à enchâsser, pour tailler le bois et pour exécuter toutes sortes d'ouvrages d'art ! Accordes aussi au Belize le don d'enseigner !

Remplis le Canada de ton esprit de sagesse, d'intelligence et de connaissance pour toutes sortes d'ouvrages,

pour concevoir des plans, pour travailler l'or, l'argent et le bronze, pour graver les pierres à enchâsser, pour tailler le bois et pour exécuter toutes sortes d'ouvrages d'art ! Accordes aussi au Canada le don d'enseigner !

Remplis la Grenade de ton esprit de sagesse, d'intelligence et de connaissance pour toutes sortes d'ouvrages,

pour concevoir des plans, pour travailler l'or, l'argent et le bronze, pour graver les pierres à enchâsser, pour tailler le bois et pour exécuter toutes sortes d'ouvrages d'art ! Accordes aussi à la Grenade le don d'enseigner !

Remplis la Jamaïque de ton esprit de sagesse, d'intelligence et de connaissance pour toutes sortes d'ouvrages,

Prières d'une reine pour ses territoires - Vol1

pour concevoir des plans, pour travailler l'or, l'argent et le bronze, pour graver les pierres à enchâsser, pour tailler le bois et pour exécuter toutes sortes d'ouvrages d'art ! Accordes aussi à la Jamaïque le don d'enseigner !

Remplis Saint-Christophe-et-Niévès de ton esprit de sagesse, d'intelligence et de connaissance pour toutes sortes d'ouvrages,

pour concevoir des plans, pour travailler l'or, l'argent et le bronze, pour graver les pierres à enchâsser, pour tailler le bois et pour exécuter toutes sortes d'ouvrages d'art ! Accordes aussi à Saint-Christophe-et-Niévès le don d'enseigner !

Remplis Sainte-Lucie de ton esprit de sagesse, d'intelligence et de connaissance pour toutes sortes d'ouvrages,

pour concevoir des plans, pour travailler l'or, l'argent et le bronze, pour graver les pierres à enchâsser, pour tailler le bois et pour exécuter toutes sortes d'ouvrages d'art ! Accordes aussi à Sainte-Lucie le don d'enseigner !

Remplis le Royaume-Uni de ton esprit de sagesse, d'intelligence et de connaissance pour toutes sortes d'ouvrages,

pour concevoir des plans, pour travailler l'or, l'argent et le bronze, pour graver les pierres à enchâsser, pour tailler le bois et pour exécuter toutes sortes d'ouvrages d'art ! Accordes aussi au Royaume-Uni le don d'enseigner !

Remplis l'Australie de ton esprit de sagesse, d'intelligence et de connaissance pour toutes sortes d'ouvrages,

pour concevoir des plans, pour travailler l'or, l'argent et le bronze, pour graver les pierres à enchâsser, pour tailler le bois et pour exécuter toutes sortes d'ouvrages d'art ! Accordes aussi à l'Australie le don d'enseigner !

Remplis la Nouvelle-Zélande de ton esprit de sagesse, d'intelligence et de connaissance pour toutes sortes d'ouvrages,

Prières d'une reine pour ses territoires - Vol1

pour concevoir des plans, pour travailler l'or, l'argent et le bronze, pour graver les pierres à enchâsser, pour tailler le bois et pour exécuter toutes sortes d'ouvrages d'art ! Accordes aussi à la Nouvelle-Zélande le don d'enseigner !

Remplis la Papouasie-Nouvelle-Guinée de ton esprit de sagesse, d'intelligence et de connaissance pour toutes sortes d'ouvrages,

pour concevoir des plans, pour travailler l'or, l'argent et le bronze, pour graver les pierres à enchâsser, pour tailler le bois et pour exécuter toutes sortes d'ouvrages d'art ! Accordes aussi à la Papouasie-Nouvelle-Guinée le don d'enseigner !

Remplis les îles Salomon de ton esprit de sagesse, d'intelligence et de connaissance pour toutes sortes d'ouvrages,

pour concevoir des plans, pour travailler l'or, l'argent et le bronze, pour graver les pierres à enchâsser, pour tailler le bois et pour exécuter toutes sortes d'ouvrages d'art ! Accordes aussi aux îles Salomon le don d'enseigner !

Remplis les Tuvalu de ton esprit de sagesse, d'intelligence et de connaissance pour toutes sortes d'ouvrages,

pour concevoir des plans, pour travailler l'or, l'argent et le bronze, pour graver les pierres à enchâsser, pour tailler le bois et pour exécuter toutes sortes d'ouvrages d'art ! Accordes aussi aux Tuvalu le don d'enseigner !

Remplis Sainte-Vincent-et-les Grenadines de ton esprit de sagesse, d'intelligence et de connaissance pour toutes sortes d'ouvrages,

pour concevoir des plans, pour travailler l'or, l'argent et le bronze, pour graver les pierres à enchâsser, pour tailler le bois et pour exécuter toutes sortes d'ouvrages d'art ! Accordes aussi à Saint-Vincent-et-les-Grenadines le don d'enseigner !

Prières d'une reine pour ses territoires - Vol1

Remplis mon peuple d'habileté pour exécuter tous les ouvrages de sculptures et d'art, pour broder et tisser les étoffes, pour faire toute espèce de travaux et pour concevoir des plans !

Que mon peuple fasse tout ce que tu ordonnes ; qu'il fasse exactement comme tu ordonnes et que ta présence soit de jour sur lui et de nuit sur lui.

Prières d'une reine pour ses territoires - Vol1

Gardes mon peuple
dans ta présence

Ô mon Dieu, parle à mon peuple et enseignes à mon peuple tes voies !

Que mon peuple ne commette pas d'actes illicites !

Que mon peuple ne mange pas des choses impures !

Mais qu'il mange de ta chair et qu'il boive de ton sang !

Que l'offrande du son cœur te soit d'une agréable odeur !

Que le cœur de mon peuple te soit présenté sur ta montagne !

Ô Dieu en présence de qui ont marché mes pères, donnes à mon peuple de t'offrir une cœur sans défaut et une adoration en esprit et en vérité !

Donnes à Antigua-et-Barbuda de t'offrir un cœur sans défaut et qu'Antigua-et-Barbuda t'offre une adoration en esprit et en vérité !

Donnes aux Bahamas de t'offrir un cœur sans défaut et que les Bahamas t'offre une adoration en esprit et en vérité !

Donnes à la Barbade de t'offrir un cœur sans défaut et que la Barbade t'offre une adoration en esprit et en vérité !

Donnes au Belize de t'offrir un cœur sans défaut et que le Belize t'offre une adoration en esprit et en vérité !

Donnes au Canada de t'offrir un cœur sans défaut et que le Canada t'offre une adoration en esprit et en vérité !

Donnes à la Grenade de t'offrir un cœur sans défaut et que la Grenade t'offre une adoration en esprit et en vérité !

Prières d'une reine pour ses territoires - Vol1

Donnes à la Jamaïque de t'offrir un cœur sans défaut et que la Jamaïque t'offre une adoration en esprit et en vérité !

Donnes à Saint-Christophe-et-Niévès de t'offrir un cœur sans défaut et que Saint-Christophe-et-Niévès t'offre une adoration en esprit et en vérité !

Donnes à Sainte-Lucie de t'offrir un cœur sans défaut et et que Sainte-Lucie t'offre une adoration en esprit et en vérité !

Donnes au Royaume-Uni de t'offrir un cœur sans défaut et que le Royaume-Unie t'offre une adoration en esprit et en vérité !

Donnes à l'Australie de t'offrir un cœur sans défaut et que l'Australie t'offre une adoration en esprit et en vérité !

Donnes à la Nouvelle-Zélande de t'offrir un cœur sans défaut et que la Nouvelle-Zélande t'offre une adoration en esprit et en vérité !

Donnes à la Papouasie-Nouvelle-Guinée de t'offrir un cœur sans défaut et que la Papouasie-Nouvelle-Guinée t'offre une adoration en esprit et en vérité !

Donnes aux îles Salomon de t'offrir un cœur sans défaut et que les îles Salomon t'offrent une adoration en esprit et en vérité !

Donnes aux Tuvalu de t'offrir un cœur sans défaut et que les Tuvalu t'offre une adoration en esprit et en vérité !

Donnes à Sainte-Vincent-et-les Grenadines de t'offrir un cœur sans défaut et que Sainte-Vincent-et-les-Grenadines t'offre une adoration en esprit et en vérité !

Ô Dieu en présence de qui ont marché mes pères, que mon peuple soit un peuple consacré qu'il ait la vie en toi !

Que mon peuple ne sort pas de ta présence !

Éloignes de mon peuple tout désir de consommer du vin et de la liqueur forte lui et ses fils après lui !

Prières d'une reine pour ses territoires - Vol1

Que mon peuple ne sorte pas de ta présence !
Mais qu'il soit sanctifié par ta présence !
Que mon peuple ne sorte pas de ta présence !
Mais qu'il soit sanctifié par ta puissance !
Purifies les femmes de mon peuple !
Purifies l'indisposition de mon peuple !
Purifies les hommes de mon peuple de leurs maladies !
Purifies mon peuple de ses impuretés !
Purifies mon peuple de toutes ses transgressions !
Purifies les enfants de mon peule de toutes leurs iniquités !

Que le cœur de mon peuple revienne à toi, ô mon Dieu, toi qui est sacrificateur à toujours !

Que le cœur de mon peuple de soit offert, ô mon Dieu, toi qui est sacrificateur à perpétuité !

Qu'il ne verse pas le sang innocent mais qu'il te craigne à toujours et à perpétuité !

Qu'Antigua-et-Barbuda ne verse pas le sang innocent mais qu'Antigua-et-Barbuda te craigne à toujours et à perpétuité !

Que les Bahamas ne versent pas le sang innocent mais que les Bahamas te craignent à toujours et à perpétuité !

Que la Barbade ne verse pas le sang innocent mais que la Barbade te craigne à toujours et à perpétuité !

Que le Belize ne verse pas le sang innocent mais que le Belize te craigne à toujours et à perpétuité !

Que le Canada ne verse pas le sang innocent mais que le Canada te craigne à

Prières d'une reine pour ses territoires - Vol1

toujours et à perpétuité !

Que la Grenade ne verse pas le sang innocent mais que la Grenade te craigne à toujours et à perpétuité !

Que la Jamaïque ne verse pas le sang innocent mais que la Jamaïque te craigne à toujours et à perpétuité !

Que Saint-Christophe-et-Niévès ne verse pas le sang innocent mais que Saint-Christophe-et-Niévès te craigne à toujours et à perpétuité !

Que Sainte-Lucie ne verse pas le sang innocent mais que Sainte-Lucie te craigne à toujours et à perpétuité !

Que le Royaume-Uni ne verse pas le sang innocent mais que le Royaume-Uni te craigne à toujours et à perpétuité !

Que l'Australie ne verse pas le sang innocent mais que le l'Australie te craigne à toujours et à perpétuité !

Que la Nouvelle-Zélande ne verse pas le sang innocent mais que la Nouvelle-Zélande te craigne à toujours et à perpétuité !

Que la Papouasie-Nouvelle-Guinée ne verse pas le sang innocent mais que la Papouasie-Nouvelle-Guinée te craigne à toujours et à perpétuité !

Que les îles Salomon ne versent pas le sang innocent mais que les îles Salomon te craignent à toujours et à perpétuité !

Que les Tuvalu ne versent pas le sang innocent mais que les Tuvalu te craignent à toujours et à perpétuité !

Que Sainte-Vincent-et-les Grenadines ne verse pas le sang innocent mais que Saint-Vincent-et-les-Grenadines te craigne à toujours et à perpétuité !

Ne tournes pas la face contre mon peuple et mon héritage !

Ne retranches pas mon peuple et mon héritage du lieu où tu l'as établis !

Prières d'une reine pour ses territoires - Vol1

Épargnes à mon peuple ce qui se fait dans le pays de la servitude où il a habité et épargnes-lui ce qui se fait dans le pays de repos où tu le mènes !

Que mon peuple ne suive que tes principes, ô mon Dieu !

Qu'il soit un peuple saint et sanctifié, comme toi mon Dieu tu es Saint !

Que mon peuple ni l'immigrant qui est au milieu de mon peuple ne livre sa descendance à des démons, des dieux que n'ont pas connu leurs pères, venu depuis peu !

Que mon peuple ne soit pas retranché de devant toi !

Que mon peuple ne soit pas un peuple coupable à tes yeux !

Mais que mon peuple soit sanctifié à tes yeux et purifié par ton sang !

Que mon peuple soit un peuple sans défaut à tes yeux !

Que partout où mon peuple habite, qu'il observe le jour de repos !

Agrées l'offrande du cœur de mon peuple !

Que ce soit une offrande perpétuelle !

Donnes à mon peuple d'entretenir continuellement ta présence au milieu de lui !

Que mon peuple ne porte plus son péché !

Que la terre de mon peuple se repose ainsi que tout ce qui s'y trouve !

Que mon peuple ne soit qu'à ton service et non au service d'un autre !

Établis tes lois entre toi et mon peuple ; qu'il soit ton peuple et toi son Dieu.

Prières d'une reine pour ses territoires - Vol1

Écartes l'interdit
du milieu de mon peuple

Ô mon Dieu, parle à mon peuple et enseignes à mon peuple tes voies !

Enseignes tous les princes et les chefs !

Enseignes mon peuple en fonction de leurs lignées, de leurs clans et de leurs familles !

Qu'il campe autour de ta présence, garde ta maison et soit à ton service !

Que mon peuple te soit entièrement donné !

Prends mon peuple du milieu des nations à la place des premiers-nés et qu'il soit à ton service ! Car il t'appartient.

Que mon peuple campe devant toi, dans ta présence, devant ta tente !Car il est à toi.

Ô Dieu en présence de qui ont marché mes pères, ne renvoies pas mon peuple loin de ta présence !

Pardonnes leurs infidélités et maintiens-les dans ta présence !Car ils t'appartiennent.

Lorsque mon peuple se détournera de toi, pardonnes et maintiens mon peuple dans ta présence !

Lorsqu'Antigua-et-Barbuda se détournera de toi, pardonnes Antigua-et-Barbuda et maintiens Antigua-et-Barbuda dans ta présence !

Lorsque les Bahamas se détourneront de toi, pardonnes les Bahamas et maintiens les Bahamas dans ta présence !

Prières d'une reine pour ses territoires - Vol1

Lorsque la Barbade se détournera de toi, pardonnes la Barbade et maintiens la Barbade dans ta présence !

Lorsque le Belize se détournera de toi, pardonnes le Belize et maintiens le Belize dans ta présence !

Lorsque le Canada se détournera de toi, pardonnes le Canada et maintiens le Canada dans ta présence !

Lorsque la Grenade se détournera de toi, pardonnes la Grenade et maintiens la Grenade dans ta présence !

Lorsque la Jamaïque se détournera de toi, pardonnes la Jamaïque et maintiens la Jamaïque dans ta présence !

Lorsque Saint-Christophe-et-Niévès se détournera de toi, pardonnes Saint-Christophe-et-Niévès et maintiens Saint-Christophe-et-Niévès dans ta présence !

Lorsque Sainte-Lucie se détournera de toi, pardonnes Sainte-Lucie et maintiens Sainte-Lucie dans ta présence !

Lorsque le Royaume-Uni se détournera de toi, pardonnes le Royaume-Uni et maintiens le Royaume-Uni dans ta présence !

Lorsque l'Australie se détournera de toi, pardonnes l'Australie et maintiens l'Australie dans ta présence !

Lorsque la Nouvelle-Zélande se détournera de toi, pardonnes l'Australie et maintiens la Nouvelle-Zélande dans ta présence !

Lorsque la Papouasie-Nouvelle-Guinée se détournera de toi, pardonnes la Papouasie-Nouvelle-Guinée et maintiens la Papouasie-Nouvelle-Guinée dans ta présence !

Lorsque les îles Salomon se détourneront de toi, pardonnes les îles Salomon et maintiens les îles Salomon dans ta présence !

Prières d'une reine pour ses territoires - Vol1

Lorsque les Tuvalu se détourneront de toi, pardonnes les Tuvalu et maintiens les Tuvalu dans ta présence !

Lorsque Sainte-Vincent-et-les Grenadines se détournera de toi, pardonnes Sainte-Vincent-et-les-Grenadines et maintiens Sainte-Vincent-et-les Grenadines dans ta présence !

Que mon peuple te soit consacré entièrement, hommes, femmes et enfants !

Bénis mon peuple, ô mon Dieu !

Gardes mon peuple, ô mon Dieu !

Fais briller ta face sur mon peuple, ô mon Dieu !

Accordes ta grâce à mon peuple, ô mon Dieu !

Que les oblations des mon peuple te soient d'une agréable odeur !

Prends-le du milieu des nations et purifies-le ! Car il est ton peuple.

Fais approcher mon peuple dans ta présence, devant ta tente !

Que mon peuple soit une offrande de bonne odeur !

Sépares du milieu des nations mon peuple pour qu'il te soit consacré !

Que mon peuple te soit entièrement consacré !

Qu'il t'appartienne comme premier-né ! Car tout premier-né est à toi.

Prends mon peuple à la place de tous les premiers-nés dans les nations !

Prends mon peuple du milieu des nations pour qu'ils soient à ton service !

Qu'au temps fixé mon peuple célèbre ton nom, ô mon Dieu !

Qu'au temps fixé mon peuple te célèbre !

Que mon peuple soit en tout temps purifié !

Conduis-le et qu'il campe sur ton ordre !

Mets-le en marche selon ses corps d'armées !

Que mon peuple parte pour le lieu que tu as promis lui donner, toi qui as

Prières d'une reine pour ses territoires - Vol1

promis à ce peuple de lui faire du bien !

Que mon peuple parte pour ce lieu qui ne dévore pas ses habitants, ce lieu où il n'y a pas des hommes de hautes taille !

Fais vivre mon peuple dans ta présence !

Fais parcourir mon peuple ce lieu excellent !

Fasse que mon peuple ne soit pas un peuple qui murmure contre toi !

Fais entrer mon peuple dans ce lieu que tu as promis et qu'il y établisse sa demeure !

Fais entrer mon peuple dans ce lieu !

Que les fautes involontaires de mon peuple soient pardonnées !

Que le sacrificateur parmi mon peuple soit pardonné !

Que toute la communauté de mon peuple soit pardonnée !

Que l'étranger parmi mon peuple soit pardonné !

Que l'indigène parmi mon peuple soit pardonné !

Choisis mon peuple, fais-le approcher dans ta présence et qu'il soit à ton service !

Que la terre n'engloutisse pas ton peuple que tu t'es choisi !

Que ton peuple que tu t'es choisi ne périsse pas !

Fais cesser de devant toi les murmures de ton peuple que tu t'es choisi !

Que ta colère ne s'enflamme jamais contre ton peuple que tu t'es choisi, mais qu'il te soit consacré de génération en génération !

Que la part de ton peuple soit ta présence !

Que ton peuple soit à ton service !

Consoles-le de toutes les souffrances qu'il a éprouvé !

Donnes à ton peuple ce lieu que tu as promis de lui donner !

Prières d'une reine pour ses territoires - Vol1

N'envoies pas contre ton peuple les bêtes sauvages et qu'il ne meure pas !
Donnes à ton peuple ton eau, l'eau de vie !
Alors ton peuple chantera ce cantique :
Monte, puits ! Entonnez un hymne en son honneur !
Puits, que Dieu, le Seigneur Dieu Tout-Puissant a foré, que le notable des peuples a creusé, avec le sceptre, avec sa canne !

Ô Dieu qui combat pour mon peuple, qu'aucune nation ne résiste à mon peuple !
Ô Dieu qui combat pour mon peuple, qu'aucune nation ne l'emporte sur mon peuple !
Ô Dieu qui combat pour mon peuple, qu'aucune nation ne prive mon peuple de passage !
Donnes à mon peuple de pendre possession de ce lieu que tu a promis de lui donner !
Donnes à mon peuple de prendre possession des villes de son ressort !
Et que mon peuple s'y établisse !
Que mon peuple ne sois pas maudit mais qu'il soit béni !
Qu'il soit puissant et qu'on ne puisse pas le chasser de ce lieu que tu as promis de lui donner ! Car je sais que celui que tu bénit est bénit, Dieu Tout-Puissant.
Prononces tes paroles de bénédiction sur mon peuple !
Ne répands pas ta fureur contre mon peuple !
Que mon peuple soit vu au sommet des rochers !
Que mon peuple soit contemplé du haut des collines : qu'il ait sa demeure à part, et qu'il ne fasse point partie des nations !

Prières d'une reine pour ses territoires - Vol1

Qu'on ne puise pas compter et dire le quart de mon peuple, ô Dieu Tout-Puissant !

Qu'aucune iniquité ne soit aperçue en mon peuple !

Que rien de pénible ne soit vu en mon peuple, toi le Dieu Tout-Puissant qui l'as fait sortir de l'esclavage !

Que rien ne puisse contre mon peuple ;

Qu'il soit un peuple qui se dresse comme un lion et qui ne se couche pas jusqu'à ce qu'il ait dévoré la proie, et qu'il ait bu le sang des blessés !

Trouves bon de bénir mon peuple, ô mon Dieu !

Que les tentes de mon peuple soient belles, qu'elles s'étendent comme des torrents, comme des jardins près d'un fleuve, comme des aloès que tu as planté, comme des cèdres le long des eaux !

Que les tentes d'Antigua-et-Barbuda soient belles, qu'elles s'étendent comme des torrents, comme des jardins près d'un fleuve, comme des aloès que tu as planté, comme des cèdres le long des eaux !

Que les tentes des Bahamas soient belles, qu'elles s'étendent comme des torrents, comme des jardins près d'un fleuve, comme des aloès que tu as planté, comme des cèdres le long des eaux !

Que les tentes de la Barbade soient belles, qu'elles s'étendent comme des torrents, comme des jardins près d'un fleuve, comme des aloès que tu as planté, comme des cèdres le long des eaux !

Que les tentes du Belize soient belles, qu'elles s'étendent comme des torrents, comme des jardins près d'un fleuve, comme des aloès que tu as planté, comme des cèdres le long des eaux !

Que les tentes du Canada soient belles, qu'elles s'étendent comme des torrents,

Prières d'une reine pour ses territoires - Vol1

comme des jardins près d'un fleuve, comme des aloès que tu as planté, comme des cèdres le long des eaux !

Que les tentes de la Grenade soient belles, qu'elles s'étendent comme des torrents, comme des jardins près d'un fleuve, comme des aloès que tu as planté, comme des cèdres le long des eaux !

Que les tentes de la Jamaïque soient belles, qu'elles s'étendent comme des torrents, comme des jardins près d'un fleuve, comme des aloès que tu as planté, comme des cèdres le long des eaux !

Que les tentes de Saint-Christophe-et-Niévès soient belles, qu'elles s'étendent comme des torrents, comme des jardins près d'un fleuve, comme des aloès que tu as planté, comme des cèdres le long des eaux !

Que les tentes de Sainte-Lucie soient belles, qu'elles s'étendent comme des torrents, comme des jardins près d'un fleuve, comme des aloès que tu as planté, comme des cèdres le long des eaux !

Que les tentes du Royaume-Uni soient belles, qu'elles s'étendent comme des torrents, comme des jardins près d'un fleuve, comme des aloès que tu as planté, comme des cèdres le long des eaux !

Que les tentes de l'Australie soient belles, qu'elles s'étendent comme des torrents, comme des jardins près d'un fleuve, comme des aloès que tu as planté, comme des cèdres le long des eaux !

Que les tentes la Nouvelle-Zélande soient belles, qu'elles s'étendent comme des torrents, comme des jardins près d'un fleuve, comme des aloès que tu as planté, comme des cèdres le long des eaux !

Que les tentes de la Papouasie-Nouvelle-Guinée soient belles, qu'elles s'étendent comme des torrents, comme des jardins près d'un fleuve, comme des aloès

Prières d'une reine pour ses territoires - Vol1

que tu as planté, comme des cèdres le long des eaux !

Que les tentes des îles Salomon soient belles, qu'elles s'étendent comme des torrents, comme des jardins près d'un fleuve, comme des aloès que tu as planté, comme des cèdres le long des eaux !

Que les tentes des Tuvalu soient belles, qu'elles s'étendent comme des torrents, comme des jardins près d'un fleuve, comme des aloès que tu as planté, comme des cèdres le long des eaux !

Que les tentes de Sainte-Vincent-et-les Grenadines soient belles, qu'elles s'étendent comme des torrents, comme des jardins près d'un fleuve, comme des aloès que tu as planté, comme des cèdres le long des eaux !

Ô béni soit quiconque bénira mon peuple !

Béni soit quiconque le bénira.

Que mon peuple soit vu !

Que mon peule soit contemplé !

Que ta puissance sorte de mon peuple !

Que ton sceptre s'élève de mon peule !

Qu'il prenne possession de ce lieu que tu lui as promis !

Que mon peule soit plein de vaillance !

Ô mon Dieu, soit celui qui sort de mon peuple !

Ô mon Dieu, que mon peuple soit établi.

N'assemble pas les chefs de mon peuple et que chacun d'eux ne tue pas ceux de ces gens !

Mais ramène le cœur de mon peuple à toi, ô mon Dieu, Dieu Tout-Puissant !

Que mon peuple ait du zèle pour toi !

Que mon peuple soit un peuple qui porte tes armes !

Prières d'une reine pour ses territoires - Vol1

Que mon peuple soit un peuple qui passe son héritage à ses fils et aux fils de ses fils !

Que les fils et les fils des fils de mon peuple ne soient pas entraînés dans l'infidélité !

Donnes aux fils et aux fils des fils de mon peuple la garde de ton tabernacle, Dieu d'éternité !

Donnes aux fils et aux fils des fils de mon peuple ce lieu que tu as promis de leurs donner en héritage, ce lieu favorable pour le cheptel !

Que personne ne puisse décourager ton peuple de passer dans l'héritage que tu lui donnes !

Qu'ils entrent dans ce héritage que tu lui donnes et ne le fais pas errer dans le désert !

Ne continues pas de laisser ton peuple dans le désert !

Marche devant ton peuple jusqu'à ce qu'il rentre dans le lieu que tu lui as promis !

Que chacun d'eux rentre dans ce lieu !

Que ce lieu que tu as promis à ton peuple, lui soit soumis !

Donnes ce lieu en partage à mon peuple qui est ton héritage !

Donnes-lui des villes où il puisse habiter !

Donnes-lui aussi une banlieue autour de ces villes !

Donne-lui de ne point souiller ce lieu !

Donne-lui ne point tisser d'alliance avec d'autres dieux, venus depuis peu, et que n'avaient pas connu leurs pères qui marchaient dans ta présence avec droiture du cœur !

Transmets à mon peuple tes ordres ! Car il est ton peuple et ton héritage.

Prières d'une reine pour ses territoires - Vol1

Que mon peuple s'attache à son héritage ! Tu es son héritage.

Donnes-lui de ne pas tisser alliance avec d'autres dieux afin que cet lieu revienne à ces dieux là, venus depuis peu, et que n'avaient pas connu leurs pères qui marchaient dans ta présence avec droiture du cœur.

Donnes à mon peuple de s'attacher chacun à son héritage.

Prières d'une reine pour ses territoires - Vol1

Que mon peuple marche
dans la justice

Ô mon Dieu, parle à mon peuple et enseignes à mon peuple tes voies !

Fortifies-le car il est ton serviteur, et ton héritage que tu t'es acquis à grand prix !

Fortifies Antigua-et-Barbuda car il est ton serviteur et ton héritage que tu t'es acquis à grand prix !

Fortifies les Bahamas car il est ton serviteur et ton héritage que tu t'es acquis à grand prix !

Fortifies la Barbade car il est ton serviteur et ton héritage que tu t'es acquis à grand prix !

Fortifies le Belize car il est ton serviteur et ton héritage que tu t'es acquis à grand prix !

Fortifies le Canada car il est ton serviteur et ton héritage que tu t'es acquis à grand prix !

Fortifies la Grenade car il est ton serviteur et ton héritage que tu t'es acquis à grand prix !

Fortifies la Jamaïque car il est ton serviteur et ton héritage que tu t'es acquis à grand prix !

Fortifies Saint-Christophe-et-Niévès car il est ton serviteur et ton héritage que tu t'es acquis à grand prix !

Fortifies Sainte-Lucie car il est ton serviteur et ton héritage que tu t'es acquis à

Prières d'une reine pour ses territoires - Vol1

grand prix !

Fortifies le Royaume-Uni car il est ton serviteur et ton héritage que tu t'es acquis à grand prix !

Fortifies l'Australie car il est ton serviteur et ton héritage que tu t'es acquis à grand prix !

Fortifies la Nouvelle-Zélande car il est ton serviteur et ton héritage que tu t'es acquis à grand prix !

Fortifies la Papouasie-Nouvelle-Guinée car il est ton serviteur et ton héritage que tu t'es acquis à grand prix !

Fortifies les îles Salomon car il est ton serviteur et ton héritage que tu t'es acquis à grand prix !

Fortifies les Tuvalu car il est ton serviteur et ton héritage que tu t'es acquis à grand prix !

Fortifies Sainte-Vincent-et-les Grenadines car il est ton serviteur et ton héritage que tu t'es acquis à grand prix !

Mets-le en possession de ce lieu que tu as promis à mon peuple de lui donner comme héritage !

Livres ce lieu à mon peuple pour qu'il le prenne en possession !

Donnes la vie à mon peuple, une vie en abondance, afin qu'il entre en possession de la promesse !

Fais entendre à mon peuple tes lois et tes ordonnances !

Donnes-lui un cœur attentif !

Qu'il se rende maître de ce lieu que tu lui as promis et de villes grandes et fortifiées !

Qu'aucun d'eux ne meure ; mais qu'ils vivent et entrent pleinement en

Prières d'une reine pour ses territoires - Vol1

possession de ce lieu que tu leurs as promis !

Ô Mon Dieu, donnes à mon peuple ta crainte !
Donnes à mon peuple de marcher dans toutes tes voies, de t'aimer et de te servir de tout son cœur et de toute son âme !
Que la terre n'ouvre pas sa bouche pour engloutir mon peuple, avec leurs maisons et leurs tentes et tout ce qui est à leur suite, au milieu des peuples des nations de la terre !
Qu'il n'y ait pas d'abomination au milieu de mon peuple !
Que mon peuple écoute ton serviteur que tu as placé pour te servir !
Que mon peuple écoute ton juge que tu as placé pour te servir !
Que le cœur de mon peuple ne s'élève point au-dessus de ses frères, et qu'il ne se détourne pas de tes commandements, afin de prolonger ses jours dans son royaume, lui et ses enfants, au milieu des peuples et nations de toute la terre !
Lorsque mon peuple quittera l'une de ses portes, le lieu quelconque où il demeure parmi toutes les nations de la terre, pour se rendre, selon la plénitude de son désir, au lieu que tu auras choisi, et qu'il sera au service de ton nom , qu'il reçoive son pain quotidien !
Fais disparaître de mon peuple le sang innocent !
Que le cœur de mon peuple ne se trouble point !
Que mon peuple soit sans crainte !
Que mon peuple ne s'effraie pas, quand il livrera bataille !
Que mon peuple ne s'épouvante pas, quand il livrera bataille.

Prières d'une reine pour ses territoires - Vol1

Ô Dieu en présence de qui ont marché mes pères, pardonnes mon peuple que tu as racheté !

N'imputes pas le sang innocent à mon peuple !

N'imputes pas à Antigua-et-Barbuda ; n'imputes pas le sang innocent à Antigua-et-Barbuda !

N'imputes pas aux Bahamas ; n'imputes pas le sang innocent aux Bahamas !

N'imputes pas à la Barbade ; n'imputes pas le sang innocent à la Barbade !

N'imputes pas au Belize ; n'imputes pas le sang innocent au Belize !

N'imputes pas au Canada ; n'imputes pas le sang innocent au Canada !

N'imputes pas à la Grenade ; n'imputes pas le sang innocent à la Grenade !

N'imputes pas à la Jamaïque ; n'imputes pas le sang innocent à la Jamaïque !

N'imputes pas à Saint-Christophe-et-Niévès ; n'imputes pas le sang innocent à Saint-Christophe-et-Niévès !

N'imputes pas à Sainte-Lucie ; n'imputes pas le sang innocent à Sainte-Lucie !

N'imputes pas au Royaume-Uni ; n'impute pas le sang innocent au Royaume-Uni !

N'imputes pas à l'Australie ; n'imputes pas le sang innocent à l'Australie !

N'imputes pas à la Nouvelle-Zélande ; n'imputes pas le sang innocent à la Nouvelle-Zélande !

N'imputes pas à la Papouasie-Nouvelle-Guinée ; n'imputes pas le sang innocent à la Papouasie-Nouvelle-Guinée !

N'imputes pas aux îles Salomon ; n'imputes pas le sang innocent aux îles Salomon !

N'imputes pas aux Tuvalu ; n'imputes pas le sang innocent aux Tuvalu !

N'imputes pas à Sainte-Vincent-et-les-Grenadines ; n'imputes pas le sang

Prières d'une reine pour ses territoires - Vol1

innocent à Sainte-Vincent-et-les Grenadines !

Viens ôter le mal du milieu de mon peuple !

Et que personne ne porte atteinte à la virginité de mon peuple !

Ôtes le mal du milieu de mon peuple !

Et qu'aucune infamie ne soit commise au milieu de mon peuple !

Ôtes le mal du milieu de mon peuple !

Et que l'on ne trouve pas un homme couché avec une femme mariée, au milieu de mon peuple !

Ôtes le mal du milieu de mon peuple !

Et qu'il n'y ait aucune prostituée parmi les filles de mon peuple !

Ôtes le mal du milieu de mon peuple !

Et qu'il n'y ait aucun prostitué parmi les fils de mon peuple !

Ôtes le mal au milieu de mon peuple !

Et que l'on ne trouve pas un homme qui ait dérobé son frère, l'un des enfants de mon peuple, qui en fasse son esclave ou qui le vende !

Ôtes le mal au milieu de mon peuple !

Et que le nom de mon peuple ne soit pas effacé de toutes les nations qui sont sur la terre !

Ôtes le mal au milieu de mon peuple !

Regarde de ta demeure sainte, des cieux, et bénis mon peuple et le pays que tu as donné à mon peuple, comme tu l'as juré à mes pères : un pays où coule le lait et le miel !

Donnes à mon peuple d'observer tes commandements que tu lui as prescrits !

Donnes à mon peuple d'être attentif et d'écouter ta voix !

Donnes à mon peuple de ne pas mépriser son père et sa mère !

Prières d'une reine pour ses territoires - Vol1

Donnes à mon peuple de ne pas déplacer la borne de son prochain !

Donnes à mon peuple de ne pas faire égarer l'aveugle !

Donnes à mon peuple de ne pas porter atteinte au droit de l'immigrant, de l'orphelin et de la veuve !

Donnes à mon peuple de ne pas coucher avec la femme de son père !

Donnes à mon peuple de ne pas coucher avec une bête quelconque !

Donnes à mon peuple de ne pas coucher avec sa sœur, fille de son père et fille de sa mère !

Donnes à mon peuple de ne pas coucher avec sa belle-mère !

Donnes à mon peuple de ne frapper son prochain en secret !

Donnes à mon peuple de ne pas recevoir un présent pour rependre le sang innocent !

Ô Dieu en présence de qui ont marché mes pères, traite alliance avec mon peuple par ces paroles !

J'ai vu tout ce que tu as fait sous nos yeux, dans le pays d'esclavage !

Que mon peuple ne soit pas séparé des nations de toute la terre pour son malheur, selon les malédictions, mais pour son bonheur, selon les bénédictions !

Antigua-et-Barbuda ; Bahamas ; Barbade ; Belize ; Canada ; Grenade ; Jamaïque ; Saint-Christophe-et-Niévès ; Sainte-Lucie ; Royaume-Uni ; Australie ; Nouvelle-Zélande ; Papouasie-Nouvelle-Guinée ; Îles Salomon ; Tuvalu ; Sainte-Vincent-et-les Grenadines

Fortifiez-vous et prenez courage !

Soyez sans crainte et sans effroi devant l'adversaire ; car l'Éternel, le Seigneur de toute la terre, marche lui-même avec vous, il ne vous délaissera pas, il ne vous

Prières d'une reine pour ses territoires - Vol1

abandonnera pas !

Antigua-et-Barbuda ; Bahamas ; Barbade ; Belize ; Canada ; Grenade ; Jamaïque ; Saint-Christophe-et-Niévès ; Sainte-Lucie ; Royaume-Uni ; Australie ; Nouvelle-Zélande ; Papouasie-Nouvelle-Guinée ; Îles Salomon ; Tuvalu ; Sainte-Vincent-et-les Grenadines

Fortifie-toi et prend courage, car c'est toi qui va entrer avec toutes les nations de la terre dans le lieu que le Seigneur Dieu a juré à leurs pères de leur donner, et c'est toi qui leurs assureras l'héritage ! Tu te présenteras devant l'Éternel, ton Dieu, dans le lieu qu'il choisira, tu liras sa loi devant toutes les nations de la terre.

Maintenant, écrivez ce cantique !
Enseignes-le aux enfants des nations de toute la terre, mets-le à leur bouche, et que ce cantique serve de témoin.

Fortifie-toi et prends courage, car c'est toi qui feras entrer les enfants des nations de toute la terre dans le pays que Dieu a juré de leur donner ; et il sera lui-même avec vous.

Cieux ! Prêtez l'oreille, et je parlerai ; Terre ! Écoute les paroles de ma bouche.
Que mon savoir se déverse comme la pluie,
Que ma parole coule comme la rosée,
comme des ondées sur la verdure, comme des gouttes d'eau sur l'herbe !
Car je proclamerai le nom de l'Éternel.
Rendez hommage à notre Dieu !
Il est le rocher ; son œuvre est parfaite, car toutes ses voies sont équitables ;

Prières d'une reine pour ses territoires - Vol1

C'est un Dieu fidèle et sans injustice, c'est lui qui est juste et droit.

S'ils se sont se corrompus, ce n'est pas lui, mais ses fils qui sont à blâmer ;

Race perverse et retorse.

Est-ce l'Éternel que vous en rendez responsable,

peuple insensé et dépourvu de sagesse ?

N'est-il ton ton père, ton créateur ?

N'est-il pas lui qui t'as fait et qui t'as affermi ?

Souviens-toi des jours d'autrefois

Considère les années, de génération en génération,

Interroge ton père, et il te l'annoncera,

Tes anciens, ils te le diront.

Quand le Très-Haut donna un héritage aux nations,

Quand il sépara les uns des autres des fils d'Adam,

Il fixa les limites des peuples d'après le nombre des fils de son peuple ;

Car le partage de l'Éternel, c'est son peuple.

Il l'a trouvé dans un pays désert,

Dans un chaos hurlant et aride ;

Il l'entourait, il en prenait soin,

Il le gardait comme la prunelle de son œil,

Pareil à l'aigle qui éveille sa nichée,

Voltige sur ses petits,

Déploie ses ailes, les prend,

Les porte sur ses plumes.

L'Éternel seul le conduisait.

Et il n'y avait avec lui aucun dieu étranger.

Prières d'une reine pour ses territoires - Vol1

Il le faisait monter sur les hauteurs du pays,

Et manger le produit des champs ;

Il lui donnait comme nourriture le miel de la roche,

L'huile du granit du rocher,

La crème des vache et le lait des chèvres,

Avec la graisse des agneaux, des béliers et des boucs,

Avec la fleur du froment ;

Et tu buvais le sang du raisin, le vin qui fermente.

Son peuple est devenu gras et il s'est regimbé ;

— Tu es devenu gras, épais et replet —

E il a délaissé son Dieu, son créateur,

Il a méprisé le rocher de son salut,

Ils excitent sa jalousie par des dieux étrangers,

Ils l'irritent par d'horribles pratiques ;

Ils sacrifient à des démons qui ne sont pas Dieu ;

À des dieux qu'ils ne connaissent pas,

Nouveaux, venus depuis peu,

et que vos pères n'avaient pas vénérés.

Tu as dédaigné le Rocher qui t'as fait naître,

Et tu as oublié le Dieu qui t'a engendré.

L'Éternel l'a vu et il a ressenti du mépris,

Parce que ses fils et ses filles l'irritaient.

Il a dit : Je leur cacherai ma face,

Je verrai quel sera leur avenir ;

Car c'est une génération versatile,

Prières d'une reine pour ses territoires - Vol1

Ce sont des fils auxquels on ne peut se fier.

Ils ont excité ma jalousie par ce qui n'est pas Dieu,

Ils m'ont irrité par leurs vaines idoles ;

Et moi, j'exciterai leur jalousie par ce qui n'est pas un peuple,

Je les irriterai par une nation insensée.

Car le feu de ma colère s'est allumé,

Et il brûle jusqu'au fond du séjour des morts ;

Il dévore la terre et ses productions,

Il embrase les fondements des montagnes.

J'accumulerai sur eux les malheurs,

J'épuiserai mes flèches contre eux.

Ils seront exténués par la famine, rongés par la fièvre et par un contagion amère

J'enverrai parmi eux la dent des bêtes et le venin des reptiles.

Au-dehors, l'épée les privera d'enfants,

Et au-dedans, la terreur ;

Il en sera du jeune homme comme de la jeune fille,

Du nourrisson comme du vieillard au cheveux blancs.

Je voudrais dire : Je les emporterai d'un souffle,

Je ferai disparaître leur souvenir d'entre les hommes !

Si je ne redoutais les insultes de l'ennemi,

Je crains que leurs adversaires ne se méprennent,

Et qu'ils ne disent : Notre main est puissante,

Et ce n'est pas l'Éternel qui a fait tout cela.

Car c'est une nation qui se perd par ses conseils ;

Il n'y a point en eux d'intelligence.

Prières d'une reine pour ses territoires - Vol1

S'ils étaient sages, voici ce qu'ils discerneraient,
Ils considéreraient leur avenir.
Comment un seul homme poursuivrait mille,
Et deux en mettraient-ils dix mille en fuite,
Si leur rocher ne les avait vendus,
Si l'Éternel ne les avait livré ?
Car leur rocher n'est pas comme notre rocher,
Nos ennemis en sont juges.
Mais leur vigne est du plan de Sodome et leur terroir de Gomorrhe ;
Leurs raisins sont des raisins empoisonnés, leurs grappes sont amères
Leur vin, c'est le venin des dragons, c'est le poison cruel des vipères.
Cela n'est-il pas caché près de moi, scellé dans mes trésors ?
À moi la vengeance et la rétribution,
Au temps où leur pieds chancellera !
Car le jour de leur malheur est proche,
Et leur destin se précipite.
L'Éternel jugera son peuple ;
Mais il aura pitié de ses serviteurs,
En voyant que leur force est épuisé,
Et qu'il n'y a plus personne qu'on retienne ou qu'on relâche .
Il dira : où sont leurs dieux, le rocher qui leur servait de refuge,
Ces dieux qui mangeaient la graisse de leurs sacrifices,
Qui buvaient le vin de leurs libations ?
Qu'ils se lèvent, qu'ils vous secourent,
Que ce soit pour vous une protection !

Prières d'une reine pour ses territoires - Vol1

Maintenant donc, voyez que c'est moi, c'est moi seul qui suis Dieu ;

Et qu'il n'y a point d'autres dieux près de moi ;

Moi je fais vivre je fais mourir,

Je blesse et je guéris,

Et personne ne délivre de ma main.

Car je lève ma main vers le ciel,

Et je dis : Moi, je suis vivant pour l'éternité !

J'aiguise l'éclair de mon épée,

Et si ma main saisit le droit,

Je tirerai vengeance de mes adversaires

Et je rendrai la pareille à ceux qui me haïssent ;

J'enivrerai mes flèches de sang,

Mon épée se repaîtra de chair,

Du sang des blessés et des captifs,

De la tête des chefs de l'ennemi.

Nations, acclamez son peuple !

Car l'Éternel venge le sang de ses serviteurs,

Il tire vengeance de ses adversaires,

Et il fait l'expiation pour son sol, pour son peuple.

Ô Dieu en présence de qui ont marché mes pères, toi qui es roi de toute la terre ;

Enseignes tes ordonnances à mon peuple, et ta loi à tes serviteurs ; car ils mettent l'encens sous tes narines, et l'holocauste sur ton autel !

Prières d'une reine pour ses territoires - Vol1

Tu choisis les prémices du pays, car là est l'héritage du législateur ;

Il marche en tête du peuple, il exécute la justice de l'Éternel, et ses ordonnances envers mon peuple.

Bénis soit mon peuple entre les enfants des nations de toute la terre !

Qu'il soit agréable à ses frères, et qu'il plonge son pied dans l'huile !

Nul n'est semblable au Dieu de mon peuple, il est porté sur les cieux pour venir en aide à mon peuple, il est avec majesté porté sur les nuées !

Mon peuple est en sécurité dans sa demeure, mon peuple est sa part dans un pays de blé et de moût, et son ciel distille la rosée !

Que tu es heureux mon peuple ! Qui est comme toi, un peuple sauvé par l'Éternel, le bouclier de ton secours et l'épée de ta gloire ?

Tes ennemis feront défaut devant toi, et tu fouleras leurs lieux élevés.

Prières d'une reine pour ses territoires - Vol1

Fais entrer mon peuple
dans la terre promise

Ô mon Dieu, que mon peuple se lève pour entrer dans le pays que tu lui donnes !

Qu'il marche de nuit pour explorer le pays !

Commences à élever mon peuple aux yeux de toutes les nations de la terre, afin qu'ils sachent que tu es avec mon peuple !

Que mon peuple passe en armes devant les enfants de toutes les nations de la terre !

Que l'ennemi perde courage et soit consterné à l'aspect de mon peuple, mon Dieu, mon Roi !

Circoncis de nouveau mon peuple !

Que mon peuple mange du blé du pays et des produits du pays !

Qu'aucun membre de mon peuple ne jette le trouble parmi mon peuple !

Qu'aucune infidélité ne soit commise parmi mon peuple ; et que ta colère se s'enflamme pas contre lui !

Que mon peuple ne tourne pas le dos devant ses ennemis !

Que mon peuple ne dérobe pas et ne dissimule pas des choses interdites dans ses bagages !

Que mon peuple puisse résister à ses ennemis ; qu'il ne tourne pas le dos devant ses ennemis !

Ôtes tout interdit du milieu de mon peuple ! Car il est ton peuple que tu as

Prières d'une reine pour ses territoires - Vol1

racheté à grand prix !

Éloignes de mon peuple toute infamie !

Que mon peuple ne soit pas troublé !

Passes mon peuple en revue et fais-le marcher contre l'ennemi !

Que l'ennemi soit enveloppé de toute part par mon peuple !

Donnes à mon peuple de te consulter à chaque fois avant de prendre toutes provisions !

Donnes à mon peuple de te consulter à chaque fois avant de tisser toute alliance !

Combats pour mon peuple !

Combats pour mon peuple et qu'il reçoive tout le pays, la montagne, le midi, la plaine et les coteaux !

Que les rois soient livrés devant mon peuple !

Que mon peuple s'emparent de tout le pays, de la montagne, de tout le midi, de tout le pays, de la plaine et de ses vallées !

Que mon peuple s'empare de tout le pays, selon ce qu'Éternel tu as promis à ses pères de leurs donner !

Que mon peuple entre en possession de l'héritage et que le pays soit en repos et sans guerre !

Que mon peuple reçoive en héritage le pays et qu'il le partage entre eux !

Que mon peuple partagent le pays et que chacun reçoive son héritage !

Fais vivre mon peuple comme tu l'as dit ! Car il marche pleinement dans tes voies !

Que tout le pays soit soumis devant mon peuple !

Que chaque membre de mon peuple reçoive son héritage !

Prières d'une reine pour ses territoires - Vol1

Donnes à mon peuple de prendre totalement possession du pays que tu lui donnes !

Que chaque membre de mon peuple entre en possession de l'héritage et que des villes de refuge soient établies pour tous les enfants de mon peuple et pour l'étranger en séjour au milieu de mon peuple ; afin que celui qui aurait tué quelqu'un involontairement puisse s'y réfugier, et qu'il ne meure pas de la main du vengeur du sang avant d'avoir comparu devant l'assemblée !

Donnes à mon peuple tout le pays que tu avais juré de donner à leurs pères ; qu'il en prenne possession et qu'il s'y établisse !

Gardes mon peuple et qu'il ne commette pas d'infidélité dans le pays que tu lui donnes comme possession !

Donnes du repos à mon peuple en le délivrant de tous ses ennemis qui l'entourent !

Donnes à mon peuple d'ôter les dieux étrangers du milieu de lui !

Donnes à mon peuple de servir ton saint nom.

Prières d'une reine pour ses territoires - Vol1

Délivres mon peuple
et ne le livres pas

Ô mon Dieu, que mon peuple soit assez fort pour assujettir ses ennemis !
Qu'en toutes choses mon peuple élève la voix vers toi !
Qu'il ne fasse pas ce qui te déplaît et qu'il ne serve pas d'autres dieux.
Ne livres pas mon peuple entre les mains des pillards et ne le vends pas entre les mains de ses ennemis d'alentour ;
Mais que mon peuple résiste à ses ennemis !
Donnes à mon peuple de ne pas transgresser ton alliance que tu as prescrite !
Que mon peuple ne soit pas ainsi mis à l'épreuve, pour savoir s'il prendra garde ou non de suivre tes voies, comme leurs pères y ont pris garde !
Ô mon Dieu, donne à mon peuple de ne pas faire ce qui te déplaît, de t'oublier, et de servir d'autres dieux !
Ne le vends pas entre les mains des rois pour qu'ils l'asservissent !
Délivres mon peuple de son adversaire !
Que mon peuple ne soit pas battu et que l'on ne s'empare pas des villes de mon peuple !
Que mon peuple ne soit pas asservit !
Délivres mon peuple de son adversaire !
Que le pays soit au repos !
Ô mon Dieu, donne à mon peuple de ne pas faire ce qui te déplaît, de t'oublier, et de servir d'autres dieux !

Prières d'une reine pour ses territoires - Vol1

Que mon peuple ne soit pas opprimé avec violence !

Humilies l'adversaire de mon peuple !
Fasses que la main de mon peuple s'appesantisse sur l'adversaire !
Que les montagnes s'ébranlent devant toi !
Lèves-toi comme un père pour mon peuple !
Lèves-toi comme un conducteur pour peuple !
Délivres mon peuple de son adversaire !

Ô Dieu en présence de qui ont marché mes pères, donne à mon peuple de ne pas faire ce qui te déplaît, de t'oublier, et de servir d'autres dieux !

Ne le livres pas entre les mains de son adversaire !

Que la main de son adversaire ne soit pas puissante contre lui !

Que mon peuple ne soit pas emmené à se retirer dans les ravins des montagnes, dans les cavernes et sur les rochers fortifiés pour échapper à son adversaire !

Que son adversaire ne monte pas et ne marche pas contre lui !

Qu'il ne campe pas en face de lui pour détruire les productions du pays !

Que mon peuple ne soit pas très malheureux à cause de son adversaire !

Délivres-le de son adversaire !

Ô Dieu en présence de qui ont marché mes pères, donnes à mon peuple de ne pas faire ce qui te déplaît, de t'oublier, et de servir d'autres dieux !

Que mon peuple ne se prostitue pas à d'autres dieux !

Que mon peuple se souvienne de toi qui le délivres de la main de son adversaire !

Ne vends pas mon peuple entre les mains de son adversaire !

Que l'adversaire de mon peuple ne l'opprime pas !

Prières d'une reine pour ses territoires - Vol1

Que l'adversaire de mon peuple ne l'écrase pas !

Que mon peuple ne soit pas dans une grande détresse !

Délivres-le de son adversaire !

Ô Dieu en présence de qui ont marché mes pères, donnes à mon peuple de ne pas faire ce qui te déplaît, de t'oublier, et de servir d'autres dieux !

Ne le livres pas à son adversaire.

Prières d'une reine pour ses territoires - Vol1

Établis mon peuple
et qu'il soit par toi

Ô Dieu en présence de qui ont marché mes pères, exauces mon peuple !

Que mon peuple ne commette pas le mal !

Que mon peuple ne couche pas avec tes servantes qui s'assemblent dans ta présence !

Choisis mon peuple pour être à ton service dans le sacerdoce, pour monter à ton autel, pour brûler le parfum, pour porter l'éphod devant toi !

Que mon peuple ne foule pas au pieds tes sacrifices et tes offrandes, que tu as ordonné de faire dans ta demeure !

Que mon peuple n'honore pas ses fils plus que toi, afin de s'engraisser de tes prémices !

Que la maison de mon peuple marche au devant de toi à perpétuité !

Que mon peuple ne voit pas un adversaire dans ta demeure, tandis que mon peuple sera comblé de biens par toi, Éternel !

Et qu'il y ait des vieillards dans la maison de mon peuple !

Ne fais pas parmi mon peuple une chose qui étourdisse les oreilles de quiconque l'entendra !

Mais que toutes les nations de la terre reconnaissent que mon peuple est établi par toi, Éternel !

Que toutes les nations de la terre reconnaissent qu'Antigua-et-Barbuda est établi par toi, Éternel !

Prières d'une reine pour ses territoires - Vol1

Que toutes les nations de la terre reconnaissent que les Bahamas sont établis par toi, Éternel !

Que toutes les nations de la terre reconnaissent que la Barbade est établie par toi, Éternel !

Que toutes les nations de la terre reconnaissent que le Belize est établi par toi, Éternel !

Que toutes les nations de la terre reconnaissent que le Canada est établi par toi, Éternel !

Que toutes les nations de la terre reconnaissent que la Grenade est établie par toi, Éternel !

Que toutes les nations de la terre reconnaissent que la Jamaïque est établie par toi, Éternel !

Que toutes les nations de la terre reconnaissent que Saint-Christophe-et-Niévès est établi par toi, Éternel !

Que toutes les nations de la terre reconnaissent que Sainte-Lucie est établie par toi, Éternel !

Que toutes les nations de la terre reconnaissent que le Royaume-Uni est établi par toi, Éternel !

Que toutes les nations de la terre reconnaissent que l'Australie est établi par toi, Éternel !

Que toutes les nations de la terre reconnaissent que la Nouvelle-Zélande est établie par toi, Éternel !

Que toutes les nations de la terre reconnaissent que la Papouasie-Nouvelle-Guinée est établie par toi, Éternel !

Que toutes les nations de la terre reconnaissent que les îles Salomon sont

Prières d'une reine pour ses territoires - Vol1

établies par toi, Éternel !

Que toutes les nations de la terre reconnaissent que les Tuvalu sont établis par toi, Éternel !

Que toutes les nations de la terre reconnaissent que Sainte-Vincent-et-les Grenadines est établie par toi, Éternel !

Que mon peuple te bâtisse un autel !

Que mon peuple établisse des juges dans toutes les nations de la terre !

Ô Dieu en présence de qui ont marché mes pères, sois roi sur mon peuple et roi sur toutes les nations de la terre !

Disposes de mon peuple comme chef de mille et chef de cinquante, aussi bien que pour labourer tes terres, récolter ta moisson et fabriquer tes armes de guerres et l'attirail de tes chars !

Prends les filles de mon peuple comme parfumeuses, cuisinières et boulangères !

Prends les meilleurs des champs, des vignes et des oliviers de mon peuple, et donnes-les à tes serviteurs !

Prend la dîme des semences et des vignes de mon peuple, et donnes-les à tes chambellans et à tes serviteurs !

Prends les meilleurs des serviteurs, des servantes, des jeunes gens et des ânes de mon peuple, pour tes travaux !

Prends la dîme du petit bétail de mon peuple et mon peuple même, et qu'ils deviennent tes esclaves.

Rends mon peuple meilleur !

Que toutes les nations de la terre aiment mon peuple, parce que tu le fais sortir et rentrer à leur tête !

Prières d'une reine pour ses territoires - Vol1

Que mon peuple règne avec toi !
Que la royauté soit bien entre les mains de mon peuple !
Établis mon peuple chef sur toutes les nations de la terre !
Que mon peuple soit établit !
Que ce soit par mon peuple que vienne la délivrance des nations de la terre !
Donnes à mon peuple de paître les nations et d'être chef sur les nations !
Élèves mon peuple à cause des nations !
Qu'il fasse monter les nations dans ta présence.

Oui, je veux morebooks!

I want morebooks!

Buy your books fast and straightforward online - at one of the world's fastest growing online book stores! Environmentally sound due to Print-on-Demand technologies.

Buy your books online at
www.get-morebooks.com

Achetez vos livres en ligne, vite et bien, sur l'une des librairies en ligne les plus performantes au monde!
En protégeant nos ressources et notre environnement grâce à l'impression à la demande.

La librairie en ligne pour acheter plus vite
www.morebooks.fr

OmniScriptum Marketing DEU GmbH
Heinrich-Böcking-Str. 6-8
D - 66121 Saarbrücken
Telefax: +49 681 93 81 567-9

info@omniscriptum.com
www.omniscriptum.com

www.ingramcontent.com/pod-product-compliance
Lightning Source LLC
Chambersburg PA
CBHW031243160426
43195CB00009BA/585